EDIZIONI FARINELLI | **FILM STUDY PROGRAM**

Io non ho paura
(I'm Not Scared)

Io non ho paura
(I'm Not Scared)

NICOLETTA TINOZZI

www.EdizioniFarinelli.com

Edited by Anna Maria Salmeri Pherson

Cover Design by Shannon Reeves

Published by Edizioni Farinelli
New York, NY
Tel: + 1-212-751-2427
Email: info@edizionifarinelli.com
www.edizionifarinelli.com

© Copyright 2007 by Edizioni Farinelli. All Rights Reserved.

No part of this publication may be reproduced, stored in a retrieval system, or transmitted, in any form or by any means, electronic, mechanical, photocopying, recording, or otherwise, without the prior written permission of the copyright owner.

ISBN 978-0-9795031-0-8

Printed in the United States of America

Still photos courtesy of Miramax Film Corp. All Rights Reserved.

NICOLETTA TINOZZI

Nicoletta Tinozzi is senior lecturer in Italian at the University of California, Riverside where she teaches Italian language, literature, cinema and culture. A native of Pescara, Italy, she holds a "laurea" in Foreign Languages and Literatures from La Sapienza University, Rome, and an MA and Ph.D. in Italian Literature from the University of California, Los Angeles, with a dissertation on 18th century Italian playwright Vittorio Alfieri.

She has written papers on several contemporary Italian writers including Luca Desiato, Paola Masino, Anna Banti, and Clara Sereni. She also has done several translations in art history, literature and botany.

In addition to her native Italian, she is fluent in English, Spanish and Farsi, and has a reading knowledge of French and Latin. She currently lives in Southern California with her husband and two daughters.

ACKNOWLEDGEMENTS

My sincere gratitude to Jean Farinelli for her constant guidance and generous advice.

I also thank my editor Anna Maria Salmeri Pherson for her precious suggestions.

And, last but not least, a big "grazie" goes to my husband Siamak and my daughters Sara and Sonia who are my first and best fans and supporters.

NOTE TO TEACHERS AND STUDENTS

This EF Film Study Program *I'm Not Scared* (*Io non ho paura*) helps students learning Italian to review common grammatical structures and introduces them to various idiomatic expressions and aspects of Italian culture through an internationally acclaimed film. Effective use helps students increase their comprehension skills and speaking ability.

The text corresponds to seven sequences in the film, each approximately 15 minutes in length. Actual viewing times are indicated in the table of contents. For each sequence there are numerous exercises including some that encourage students to creatively form their own sentences, both orally and in writing.

My recommendation to teachers and students is to use the text as follows:

Students should watch each sequence at least twice without subtitles. Then students should work on the comprehension exercises before viewing the sequence again with subtitles to check their answers. In class, teachers can assign the grammar exercises as homework and correct them in class the following day. Sections B and D also can be assigned as homework. The writing exercises should be done in two steps: rough draft and final draft.

The material in this film study text also can aid students in their preparation for standardized tests in Italian such as SAT II and the Advanced Placement exam.

Buona visione!

Nicoletta Tinozzi
Alta Loma, CA

EF FILM STUDY PROGRAM:
Io non ho paura *(I'm Not Scared)*

TRAMA	9
INTERVISTA A GABRIELE SALVATORES Comprensione	10
PRIMA SEQUENZA (0:00:32) Attività di comprensione Area tematica: giochi e passatempi Grammatica: il presente indicativo dei verbi regolari e irregolari Lettura e comprensione: Giochi e passatempi degli italiani	11 11 13 14 15
SECONDA SEQUENZA (0:22:19) Attività di comprensione Area tematica: il cibo Grammatica: il passato prossimo dei verbi regolari e irregolari Lettura e comprensione: I pasti in Italia	17 17 19 20 21
TERZA SEQUENZA (0:33:01) Attività di comprensione Area tematica: radio e televisione Grammatica: imperfetto dei verbi regolari e irregolari Lettura e comprensione: La radio e la televisione in Italia	23 23 25 26 27
QUARTA SEQUENZA (0:46:24) Attività di comprensione Area tematica: emigrazione e immigrazione Grammatica: imperfetto e passato prossimo Lettura e comprensione: Emigrazione e immigrazione in Italia	29 29 31 32 33
QUINTA SEQUENZA (0:59:50) Attività di comprensione Area tematica: le regioni e le loro caratteristiche Grammatica: il futuro dei verbi regolari e irregolari Lettura e comprensione: Il nord, il sud e l'unità d'Italia	35 35 37 38 39
SESTA SEQUENZA (1:10:25) Attività di comprensione Area tematica: il tempo Grammatica: i pronomi di oggetto diretto e indiretto, *ci* e *ne* Lettura e comprensione: Il clima in Italia	41 41 43 44 45
SETTIMA SEQUENZA (1:23:00) Attività di comprensione Area tematica: la stampa Grammatica: le preposizioni semplici e articolate Lettura e comprensione: Fatti di cronaca: i sequestri di persona in Italia negli anni Settanta	47 47 48 49 50
SOLUZIONI	52

IO NON HO PAURA

Regia:
Gabriele Salvatores

Sceneggiatura:
Niccolò Ammaniti, Francesca Marciano

Cast:
Giuseppe Cristiano, Mattia di Pierro, Diego Abatantuono, Dino Abbrescia, Aitana Sánchez-Gijón

Produzione:
Maurizio Totti, Riccardo Tozzi, Giovanni Stabilini, Marco Chimenz

Anno: 2003

Genere: drammatico

TRAMA

Tratto dall'omonimo romanzo di Niccolò Ammaniti, *Io non ho paura* è ambientato nella torrida estate del 1978 ad Acqua Traverse, un borgo di campagna del sud d'Italia. Mentre gli adulti si tappano in casa per ripararsi dall'afa, un gruppo di ragazzini fa gare di corsa tra i campi di grano. Nel cercare gli occhiali della sorellina, Michele trova una fossa dentro la quale viene tenuto prigioniero un bambino di nome Filippo. Il ragazzo si accorge ben presto che Filippo è stato rapito e nascosto in quella buca da suo padre Pino e da altri del paese per ottenere il riscatto dalla sua ricca famiglia. Michele non parla a

> **Curiosità** - *Nel romanzo Ammaniti specifica il nome del borgo, Acqua Traverse, e la data, 1978. Nel film, invece, il tempo e il luogo sono lasciati all'intuizione dello spettatore. Dal modo di parlare e dall'abbigliamento dei personaggi sappiamo di trovarci nell'Italia meridionale, intorno agli anni Settanta.*

nessuno della sua scoperta e torna quotidianamente a trovare Filippo di cui presto diventa amico. Però in un momento di debolezza rivela il segreto all'amico Salvatore, il quale lo tradisce dicendolo a Felice, uno dei sequestratori, in cambio di un giro al volante della sua vecchia Fiat 127. Pino proibisce a Michele di ritornare alla buca e così passano giorni pieni d'angoscia, nel dubbio atroce che a Filippo possa essere successo qualcosa. Un pomeriggio di pioggia degli elicotteri della polizia incominciano a sorvolare Acqua Traverse. I grandi sono in preda al panico e Michele si rende conto che la vita di Filippo è in pericolo. Nel cuore della notte, sfidando le tenebre, Michele inforca la sua vecchia bicicletta e corre dall'amico per salvarlo. Riesce a far scappare Filippo, ma arrivano gli adulti e tocca proprio a Pino sparare, ma per errore colpisce suo figlio Michele alla gamba.

INTERVISTA A GABRIELE SALVATORES

Gabriele, come hai scelto i tuoi giovanissimi attori?

Ho fatto provini[1] a 540 bambini tra Basilicata e Puglia. Innanzitutto cercavo bambini sconosciuti, non identificabili cinematograficamente. E poi è stato essenziale trovare in ogni bambino dei punti in comune col personaggio che doveva interpretare. Parlavo con loro e cercavo di capire cosa avrebbero potuto prendere dal loro personaggio e, viceversa, cosa avrebbero potuto dare ad esso[2].

C'è qualcosa della tua infanzia nel tuo modo di rappresentare questi bambini e, in generale, nella storia scritta da Ammaniti?

Credo di sì. Per esempio, la sorellina di Michele mi ricorda mia sorella, alla quale quando ero piccolo ho causato la rottura di un piede, ovviamente senza volerlo.[3] Mi sono sforzato di mettere la macchina da presa[4] all'altezza dei bambini, di vedere con la loro prospettiva. Per esempio, mi sono riconosciuto nella scena della penitenza,[5] quella è una cosa che ricordo; come ricordo una certa crudeltà tra i bambini. Nel film si vede subito: la gallina sgozzata, la cattiveria nei confronti della bimba....

Che tipo di rapporto c'è tra il film e il romanzo di Niccolò Ammaniti da cui è tratto?

Il romanzo mi piace molto, quindi ho preferito non tradirlo. Quando l'ho letto me ne sono innamorato subito, come molti altri italiani. Ho chiamato immediatamente Maurizio Totti, il mio produttore, per poterne realizzare un film. È stato tutto molto veloce e immediato.

Di che cosa non hai paura?

Non avere paura non significa avere coraggio, ma sicuramente ci sono delle cose sulle quali non ho dubbio; prima di tutto, non ho paura di dire no alla guerra.

Intervista adattata da http://www.italica.rai.it

Comprensione – Rispondi alle seguenti domande:

1. Quali caratteristiche cercava Salvatores nei bambini che si presentavano per i provini?

2. Quali elementi della sua infanzia Salvatores ha riconosciuto nella storia?

3. Che dice il regista a proposito della fedeltà al romanzo?

4. Di che cosa non ha paura Salvatores?

---

[1] **provino** - breve sequenza cinematografica che serve a dimostrare l'attitudine di un aspirante attore o cantante
[2] **ad esso** - al personaggio
[3] **senza volerlo** - per errore, senza averne l'intenzione
[4] **macchina da presa** - cinepresa, telecamera
[5] **penitenza** - punizione

PRIMA SEQUENZA

Michele, Maria, il Teschio, Adriana, Salvatore e Remo corrono in un campo di grano. Chi arriverà per ultimo a una casa abbandonata su una collina dovrà fare una penitenza. Cercando gli occhiali rotti di Maria che gli sono caduti dalla tasca, Michele vede una grande buca coperta da una lastra di metallo. Quando solleva la lastra, nota un piede umano che fuoriesce da una coperta. Spaventato, scappa e ritorna con la sorella a casa dove trovano il padre rientrato da uno dei suoi frequenti viaggi in camion. Il giorno dopo Michele va di nuovo a vedere chi c'è nella buca vicino la casa abbandonata e scopre, con terrore, un essere umano coperto di fango e paglia con gli occhi arrossati e semichiusi: un vero mostro. Terrorizzato si dà alla fuga e ritorna a casa dove il padre lo rimprovera per aver fatto tardi. Si rifugia su un albero fino a sera e scende solo quando Maria viene a chiamarlo per la cena.

A ATTIVITÀ DI COMPRENSIONE

A1) Ripensando a ciò che hai visto nella sequenza, completa le seguenti frasi.

1. Mentre Michele e Maria corrono sulla collina con gli amici...

2. Barbara non fa la penitenza perché...

3. Quando Michele torna indietro per cercare gli occhiali di Maria...

4. Il giorno dopo Michele...

5. Michele ritorna a casa tardi, allora...

A2) Completa il seguente dialogo con le espressioni elencate.

fratello mio - scendi - mi posso prendere - dov'è - digli
non torno più - il purè e l'uovo - torna tardi - che vuoi
non c'entra - è pronta - s'arrabbia - da mangiare

Maria: Michele, [1]_____!

Michele: [2]_____?

Maria: [3]_____ la cena.

Michele: [4]_____ che io non sono più figlio loro e che [5]_____.

Maria: Non sei nemmeno più [6]_____?

Michele: No!

Maria: Allora [7]_____ i tuoi giornalini?

Michele: No, quello [8]_____.

Maria: Guarda che mamma [9]_____.

Michele: Papà [10]_____?

Maria: È uscito. [11]_____.

Michele: Che c'è [12]_____?

Maria: [13]_____.

A3) Abbina le espressioni con le loro definizioni.

1. che schifo   [a] proprio no
2. lasciamo perdere   [b] non ha niente a che fare
3. ce l'hai fatta   [c] che cosa disgustosa
4. tocca a te   [d] ci sei riuscito / riuscita
5. di corsa   [e] non ci pensiamo
6. te lo puoi scordare   [f] è il tuo turno
7. non c'entra   [g] in fretta

B AREA TEMATICA: GIOCHI E PASSATEMPI

B4) Abbina le seguenti attività con i luoghi in cui si svolgono.

1. nuotare   [a] lo stadio
2. fare ginnastica   [b] la piscina
3. giocare a carte   [c] il lago
4. andare in barca   [d] la palestra
5. giocare a calcio   [e] il casinò
6. pattinare sul ghiaccio [f] i negozi
7. fare castelli di sabbia [g] la pista
8. sciare   [h] la spiaggia
9. fare trekking   [i] la montagna
10. fare acquisti   [j] il sentiero

B5) Scegli degli aggettivi dalla lista e completa le frasi in modo creativo.

sensibile   prepotente   immaturo   vigliacco   timoroso   preoccupato   arrabbiato
contento   stanco   simpatico   debole   coraggioso   chiacchierone   ubbidiente
socievole   dolce   vendicativo   innocente   volgare   affettuoso   bugiardo

1. Michele è _____, specialmente quando _____.
2. Barbara è _____, specialmente quando _____.
3. Il Teschio è _____, specialmente quando _____.
4. Maria è _____, specialmente quando _____.
5. Pino e Anna sono _____, specialmente quando _____.

B6) In gruppi di due o tre scambiatevi domande e risposte.

1. Che cosa fai durante il tempo libero?
2. Suoni uno strumento musicale o lo suonavi da piccolo? Quale?
3. Qual è il tuo sport preferito? Fai il tifo per una squadra? Quale?
4. Dove guardi le partite e con chi?
5. Qual è un hobby che ti interessa e perché?

C GRAMMATICA: IL PRESENTE INDICATIVO DEI VERBI REGOLARI E IRREGOLARI

C7) Completa con il Presente Indicativo.

1. Michele e Maria _____ (svegliarsi) presto ogni mattina e _____ (fare) colazione in cucina.

2. Anna _____ (cucinare) molto bene. Lei _____ (sapere) fare biscotti e torte alla crema.

3. Quando Michele _____ (fare) a braccio di ferro con suo padre, non _____ (riuscire) mai a vincere.

4. Barbara _____ (arrabbiarsi) con il Teschio quando lui le _____ (dire) che _____ (dovere) fare la penitenza.

5. Remo e Salvatore _____ (dare) sempre ragione al Teschio perché _____ (avere) paura di lui.

6. "Mamma, (io) _____ (potere) uscire? (Io) _____ (volere) andare in bicicletta con Salvatore." "Va bene, ma (tu) _____ (dovere) ritornare a casa prima delle sette."

7. Quando Maria _____ (essere) molto stanca (lei) _____ (bere) un bicchiere di latte e _____ (andare) subito a letto.

8. Candela non _____ (uscire) mai dal suo cortile perché _____ (preferire) prendere il sole e ascoltare la radio.

9. Michele e i suoi amici _____ (giocare) sempre a "uno, due, tre, stella." Noi invece _____ (giocare) a nascondino.

10. Acqua Traverse _____ (trovarsi) nel sud d'Italia. Le campagne circostanti _____ (produrre) soprattutto grano.

C8) Costruisci delle frasi al Presente Indicativo utilizzando gli elementi delle tre colonne.

A	B	C
io	rimanere	quando Maria non mangia
Michele e Remo	lavarsi le mani	a letto tutto il giorno
io e mia sorella	venire	sulla collina
la mamma di Michele	bere caffellatte	prima di cena
tu	stare	a colazione
tu e il Teschio	arrabbiarsi	ad Acqua Traverse tutta la sera
i miei amici	andare in bicicletta	a casa tua ogni pomeriggio

1. _____
2. _____
3. _____
4. _____
5. _____
6. _____
7. _____

D LETTURA E COMPRENSIONE

D9) Giochi e passatempi degli italiani

Durante il fine settimana e nei periodi di vacanza gli italiani amano rilassarsi dedicandosi ad attività sportive e a svariati passatempi. I bambini continuano a divertirsi con i giochi tradizionali come nascondino e moscacieca, ma soprattutto, oggigiorno, con i videogiochi e i giochi on-line.

Gli adulti spesso si riuniscono con parenti e amici per giocare a carte e, durante la bella stagione, a volte, si dedicano ad attività sportive come il trekking e il ciclismo. Gli anziani e i pensionati, dal canto loro, si rilassano con il tradizionale gioco delle bocce, praticato presso associazioni, circoli bocciofili e un po' dappertutto.

Durante le feste natalizie gli italiani di tutte le età hanno l'abitudine di riunirsi in case di parenti e amici per giocare a tombola, un gioco simile al bingo. Altri passatempi delle lunghe e fredde serate di dicembre sono i giochi con le carte per tutta la famiglia, come il mercante in fiera e lo scopone.

Un passatempo, che in generale interessa e avvince tutta la famiglia, è il gioco del calcio che viene seguito in televisione il sabato o la domenica. I tifosi più appassionati preferiscono guardare le partite allo stadio, spostandosi spesso da una città all'altra per seguire la loro squadra del cuore.

Rispondi alle seguenti domande:

1. Che giochi preferiscono i bambini?

2. Che tipo di sport praticano i pensionati e dove lo praticano?

3. Come passano gli italiani le fredde serate del periodo natalizio?

4. Che cosa fanno molti tifosi italiani?

Per l'esercitazione scritta:

In un saggio di circa 150 parole descrivi cosa facevi da piccolo/piccola durante le vacanze. Paragona le tue attività a quelle di Michele e dei suoi amici.

SECONDA SEQUENZA

Michele non riesce a giocare con gli amici perché ha la mente altrove. Pensa costantemente alla persona nella buca. Ritorna da solo alla vecchia casa sulla collina e quando solleva la lastra sente una vocina che gli chiede da bere. Mentre cerca dell'acqua pulita nel cortile della casa abbandonata, trova dei piatti e delle pentole usati di recente. Tra queste ce n'è una identica a un servizio che ha sua madre in cucina. A casa, durante la cena, Pino annuncia l'arrivo di Sergio, un suo amico.

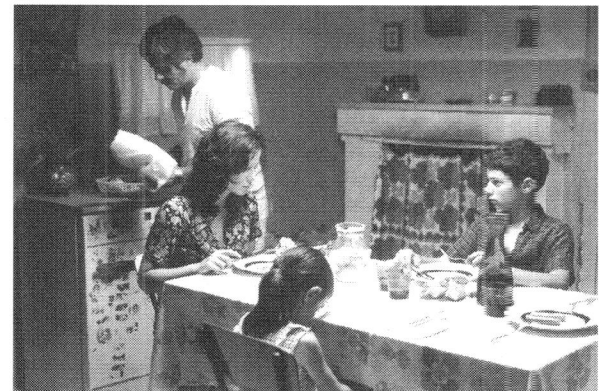

Curiosità - *Nel romanzo è spiegato che la pentola con le mele rosse era facilmente riconoscibile perché faceva parte di un servizio che la sorellina di Michele, Maria, aveva scelto su una bancarella...del mercato di Lucignano.*

A ATTIVITÀ DI COMPRENSIONE

1) **Ripensando a ciò che hai visto nella sequenza, completa le seguenti frasi.**

1. Quando Michele si sveglia la mattina, in cucina...

2. Michele non vuole giocare a "uno, due tre, stella" e allora...

3. La persona nella buca ha fame, però Michele...

4. Michele ha paura dei maiali di Candela perché...

5. Il pomeriggio, mentre i suoi genitori dormono, Michele...

6. A cena Maria non vuole mangiare la fettina di carne, allora il padre...

7. La notte Michele immagina...

A2) Completa con le espressioni qui sotto elencate.

mi fa venire il mal di testa - viene a stare una persona - che nome buffo
e che sarà mai - e come si chiama - un amico - non ce la faccio più con te

Maria: Non mi va più.

Anna: Mangia quella carne!

Maria: Non posso. [1]_____.

Anna: [2]_____.

Pino: Anna, se non le va...[3]_____? ...fra qualche giorno [4]_____ qua. Niente storie e niente lagne,[6] è chiaro?

Michele: E chi è questa persona?

Pino: [5]_____.

Michele: [6]_____?

Pino: Sergio.

Maria: [7]_____!

A3) Abbina le espressioni con le loro definizioni.

1. niente storie e niente lagne   [a] penso che
2. non le va   [b] non ci riesce
3. mi sa che   [c] di che cosa hai bisogno
4. lascialo perdere   [d] tutto in ordine
5. tutto a posto   [e] comportatevi bene
6. non ce la fa   [f] non lo vuole
7. che ti serve   [g] non pensare a lui

---

[6] **lagne** - lamenti

B AREA TEMATICA: IL CIBO

B4) Che cosa mangiano e bevono gli italiani a colazione, pranzo/cena e merenda? Alcuni cibi e bevande possono ritrovarsi in più colonne.

*cotoletta alla milanese - uovo fritto - pastina in brodo - latte - panino con la frittata
impepata di cozze - Buondì Motta - fettina di vitello al rosmarino - carciofi in umido
seppie e piselli - orecchiette e rape - purè di patate - pane e pomodoro
vino rosso - affettati misti - pasta alla vodka - brodetto di pesce - pane e Nutella
cappuccino - caffellatte - frittata con i peperoni - panino col formaggino Mio
torta con la crema - cantucci di Prato - pollo alla diavola - polenta pasticciata
sfogliatelle con la ricotta - risi e bisi - caffè espresso - spuntino Kinder - pasta e fagioli*

Colazione	Pranzo/Cena	Merenda

B5) Hai deciso di invitare gli amici a cena. Prepara un menù inserendo queste gustose pietanze nell'apposita colonna.

*trenette col pesto - zucchine fritte - macedonia di frutta - cocktail di gamberi
insalata mista - trota salmonata al cartoccio - risotto alla pescatora
brasato di vitello - prosciutto e melone - crostata di mirtilli*

Antipasto	Primo	Secondo	Contorno	Dolce/Frutta

B6) Esercizio di conversazione. In gruppi di due o tre scambiatevi domande e risposte.

1. Che cosa bevi la mattina a colazione? E i tuoi genitori?
2. Sai cucinare? Qual è la tua specialità?
3. Come si mangia alla mensa della tua università? Ti manca la cucina della mamma?
4. Quando sei a casa apparecchi o sparecchi la tavola? Chi ti aiuta?
5. Ti piace la cucina italiana? Qual è il tuo piatto preferito?

C GRAMMATICA: IL PASSATO PROSSIMO DEI VERBI REGOLARI E IRREGOLARI

C7) Completa con il Passato Prossimo.

1. Michele _____(alzarsi) tardi ieri mattina. Quando _____ (entrare) in cucina, sua madre gli _____(offrire) della torta alla crema.
2. Domenica scorsa Pino e Anna _____(decidere) di portare i bambini al mare.
3. Quando Michele le _____(chiedere) di andare a prendere il vino, Maria gli _____(rispondere) di no.
4. Io e Salvatore _____(uscire) e _____(giocare) a "uno, due, tre, stella" con Remo e il Teschio.
5. Tu e Barbara _____(arrabbiarsi) perché _____(dovere) fare la penitenza.
6. Il bambino nella buca _____(chiedere) qualcosa da bere, così Michele _____(prendere) dell'acqua e gliela _____(dare).
7. Gli occhiali di Maria _____(rompersi) e Michele li _____ (mettere) in tasca.
8. Maria _____(svegliarsi) prima di tutti. _____(andare) in cucina e _____(bere) il latte, tutta sola.
9. Voi bambini _____(comprare) molti Buondì Motta allo spaccio di Assunta e così (voi) _____(spendere) troppo.
10. Maria e Michele non _____(essere) molto contenti, infatti _____ (rimanere) un po' delusi quando _____(aprire) la scatola con il regalo e _____(vedere) la gondola.

C8) Rispondi utilizzando il Passato Prossimo.

Esempio: Tu esci oggi? (ieri)   **No, sono uscito ieri.**

1. Anna pulisce la casa adesso? (ieri sera)
   _____
2. Michele e Maria fanno colazione tra un'ora? (mezz'ora fa)
   _____
3. Voi ragazzi correte in campagna oggi? (ieri pomeriggio)
   _____

4. Pino legge il giornale stasera? (stamattina)

   _____

5. Mamma e papà prendono il caffè dopo cena? (dopo pranzo)

   _____

6. Il Teschio mette la bicicletta in garage adesso? (due ore fa)

   _____

7. Candela chiude il recinto dei suoi maiali stasera? (oggi pomeriggio)

   _____

D LETTURA E COMPRENSIONE

D9) I pasti in Italia

In Italia, come negli Stati Uniti, i pasti principali di una giornata sono tre. L'importanza, però, data a ciascuno di essi e il modo in cui sono strutturati sono piuttosto diversi. Mentre la colazione tipica degli americani è alquanto abbondante e include uova e pancetta, gli italiani la mattina fanno un pasto semplice, che di solito consiste di caffè, caffellatte o tè, biscotti o pane, burro e marmellata. Gli italiani vanno spesso al bar vicino casa o vicino al posto di lavoro per prendere un cappuccino con un cornetto o una brioche.

Il pranzo per gli americani è un pasto rapido sia per chi si trova a casa che per chi va al lavoro, che spesso lo consuma in ufficio o in un fast food. Invece, secondo la tradizione italiana il pranzo, a casa o al ristorante, è il pasto più importante della giornata. Molti uffici e negozi chiudono verso l'una per una lunga pausa pranzo e riaprono intorno alle quattro. Anche la maggior parte delle scuole chiude all'ora di pranzo e i bambini ritornano a casa per mangiare. Anche gli adulti che lavorano in città si riuniscono con il resto della famiglia per fare un pasto completo a casa. Il pranzo comincia con un primo che consiste di minestra, pastasciutta o risotto, seguito da un secondo di pesce o carne, accompagnato da un contorno di verdura o insalata. Il pranzo si conclude con frutta fresca e, in occasioni speciali, con un dolce seguito dal caffè espresso. È interessante notare che il cappuccino non si beve mai a pranzo o a cena, ma solo a colazione o al massimo, a metà mattinata e in ogni caso mai dopo mezzogiorno. Chi lavora lontano da casa mangia qualcosa in una trattoria o in una tavola calda, o segue le abitudini degli americani consumando un panino o un tramezzino al bar.

La ricca tradizione culinaria italiana ha limitato la diffusione dello "snack" di stile americano. Mentre quattro americani su cinque fanno almeno uno spuntino tra i pasti, in Italia sono soprattutto i bambini e gli adolescenti che spesso fanno una pausa merenda durante i compiti. Questo pasto viene consumato in genere verso le cinque ed è uno spuntino che consiste di biscotti o pane e Nutella, succo di frutta o bevande calde. Al contrario degli americani che spesso mangiano i loro "snack" per strada, è raro che gli italiani lo facciano, a parte un occasionale gelato.

Gli italiani cenano più tardi degli americani, in genere verso le otto e d'estate, soprattutto al sud, possono sedersi a tavola anche alle nove! La cena è generalmente un pasto meno abbondante del pranzo e di solito prevede un piatto di verdura con formaggi e affettati misti. Durante il fine settimana molti italiani amano andare a cena fuori con parenti e amici. Talvolta vanno a mangiare del buon pesce fresco in ristorantini di località di mare, o grigliate di carne in posti di montagna. I giovani, invece, vanno spesso in pizzeria o in paninoteca[7] per un pasto più economico.

Rispondi alle seguenti domande:

1. Che cosa mangiano gli italiani a colazione? Fanno sempre colazione a casa?

2. Qual è il pasto più importante della giornata secondo la tradizione? È ancora così per tutti?

---

[7] **paninoteca** - In alcune zone in Italia la paninoteca si chiama anche panineria.

3. Com'è strutturato il pranzo in generale?

4. Quando si beve il cappuccino?

5. Chi fa uno spuntino nel pomeriggio e che cosa mangia?

6. È molto abbondante la cena? Che si mangia di solito?

7. Che cosa fanno gli italiani il fine settimana?

Per l'esercitazione scritta:

Scrivi un breve saggio di 150 parole raccontando di quando sei andato/andata al ristorante italiano con la famiglia o con gli amici. Chi ha scelto il ristorante? Ti è piaciuto? Che hai ordinato per primo, secondo e contorno? Hai preso anche il dolce? Che cosa hai bevuto e perché? Che cosa avete fatto tu e i tuoi amici dopo cena?

TERZA SEQUENZA

Mentre Michele corre in bicicletta per portare una pagnotta di pane al bambino nella fossa, sente arrivare la macchina di Felice Natale, il fratello del Teschio, e per non farsi vedere si nasconde tra le spighe di grano. Michele dà il pane al bambino che ne mangia una parte. Quando si cala nella fossa con una corda per togliere il pezzo di pane avanzato, il bambino comincia a parlargli di orsetti lavatori che rubano dolci, e poi avanza verso di lui con le braccia tese e comincia a gridare "Sono morto!" Michele scappa terrorizzato. La notte il ragazzo si alza dal letto per andare in bagno e sente i suoi genitori e altri adulti che discutono in cucina. La televisione è accesa e trasmette l'appello disperato di Luisa Carducci, la mamma di Filippo, un bambino sequestrato a Milano.

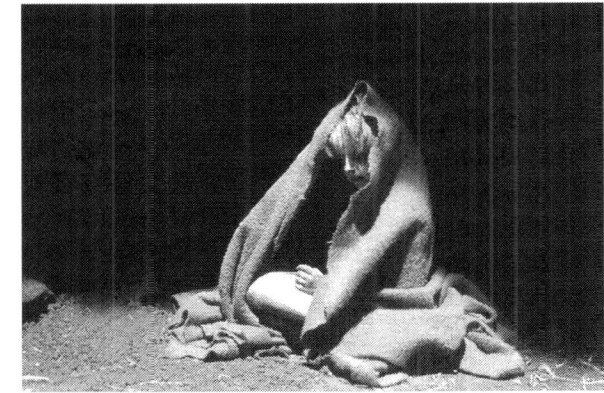

A ATTIVITÀ DI COMPRENSIONE

A1) Ripensando a ciò che hai visto nella sequenza, completa le seguenti frasi.

1. Quando Michele sente arrivare la macchina di Felice Natale...

   _____

2. Michele vuole riprendersi il pezzo di pane avanzato perché...

   _____

3. Michele scappa via impaurito quando...

   _____

4. Salvatore risponde a Michele che Lazzaro...

   _____

5. La notte Michele si alza perché...

   _____

6. In televisione la signora Luisa Carducci...

   _____

A2) Chi ha detto le seguenti frasi?

1. due orecchie gli tagliamo, due!
2. quello che dice le cose vere
3. però mia zia mi ha raccontato una cosa vera
4. è un bambino buono, educato, molto timido
5. sei mesi, un anno, quello che ci vuole
6. ma è lui che ti dà da mangiare?

[a] Salvatore
[b] Michele
[c] Felice
[d] Sergio
[e] Luisa Carducci
[f] Filippo

A3) Completa con le espressioni qui sotto elencate.

> una fettina di carne - me ne vado - rubano le torte e i biscotti
> ma qui non ci stanno - non capisco - è molto importante
> io non sono l'angelo - lasci la finestra aperta
> possono anche mordere l'uomo - per caso

Michele: Mio padre si chiama Pino. Pure il tuo si chiama Pino, [1]_____?
Vabbè, [2]_____.

Filippo: Gli orsetti.

Michele: Ma che hai parlato? [3]_____.

Filippo: Gli orsetti.

Michele: Gli orsetti? Come gli orsetti?

Filippo: Gli orsetti lavatori. Se [4]_____
entrano in casa e [5]_____.

Michele: [6]_____ gli orsi.

Filippo: Gli orsetti lavatori [7]_____.

Michele: Piuttosto mica ieri ti sei mangiato [8]_____?
[9]_____!

Filippo: Tu sei l'angelo custode?

Michele: [10]_____. E chi è l'angelo custode?

B AREA TEMATICA: RADIO E TELEVISIONE

B4) Abbina i seguenti programmi televisivi con gli argomenti che trattano.

1. Overland   [a] film
2. Meteo2   [b] programma musicale
3. Il gladiatore   [c] notizie
4. La ruota della fortuna   [d] programma di viaggi
5. Dora l'esploratrice   [e] programma di sport
6. MTV Live   [f] soap opera italiana
7. TG1   [g] telefilm poliziesco
8. Novantesimo minuto   [h] gioco a premi
9. Il commissario Rocca   [i] condizioni del tempo
10. Un posto al sole   [j] programma per bambini

B5) Completa con le espressioni appropriate.

TG3 Meteo   acceso   telenovela   i cartoni animati   spegnere   il telegiornale

1. Maria si mette a piangere quando lei vuole vedere _____, ma suo padre non glielo permette perché a lui interessa _____.
2. Anna è sempre molto occupata, ma qualche volta il pomeriggio, quando ha tempo, guarda la sua _____ preferita.
3. Ieri Pino si è arrabbiato perché Michele è uscito senza _____ il televisore.
4. "Come sarà il tempo domani?" "Non so. Guardiamo il _____!"
5. Qualche sera quando i grandi discutono ad alta voce in cucina e il televisore è _____, Michele e Maria non riescono a dormire.

B6) In gruppi di due o tre scambiatevi domande e risposte.

1. Quali programmi televisivi preferisci? Perché?
2. Guardi la TV tutti i giorni? Quando la guardi e con chi?
3. Tieni la TV accesa quando fai i compiti?
4. Qual è il programma che piace a te, ma non ai tuoi genitori? E viceversa?
5. Quali programmi ti piacevano quando eri piccolo / piccola? Quando li guardavi?

C GRAMMATICA: IMPERFETTO DEI VERBI REGOLARI E IRREGOLARI

C7) Costruisci delle frasi all'Imperfetto, utilizzando gli elementi delle tre colonne.

A	B	C
io	fare ginnastica	il pomeriggio
i miei compagni di scuola	guardare il telegiornale	tutte le mattine
io e il mio amico	giocare con le bambole	ogni sera
mio zio	bere il caffè al bar	da bambine
tu	dire buongiorno agli studenti	il lunedì e il mercoledì
tu e tua sorella	essere in ritardo	d'estate
il mio professore	andare in bicicletta	tutti i giorni

1. _____
2. _____
3. _____
4. _____
5. _____
6. _____

C8) Completa coniugando all'Imperfetto i verbi in parentesi.

Nel 1978 Michele [1]_____ (avere) dieci anni. [Lui] [2]_____ (abitare) in una piccola casa con le finestre verdi. Ogni mattina Michele e sua sorella Maria [3]_____ (fare) colazione in cucina. La mamma [4]_____ (preparare) il caffellatte che ai bambini [5]_____ (piacere) molto. Michele lo [6]_____ (bere) rapidamente perché [lui] [7]_____ non (volere) arrivare a scuola in ritardo. Dopo la colazione Michele [8]_____ (dire) "Ciao" a sua madre e [9]_____ (uscire) per andare a scuola con gli amici. La sua sorellina, invece, [10]_____ (rimanere) a casa con la mamma perché [11]_____ (essere) troppo piccolina per andare a scuola.

D LETTURA E COMPRENSIONE

D9) La radio e la televisione in Italia

La radio, il cui indiscusso inventore è stato Guglielmo Marconi, che l'ha brevettata in Inghilterra nel 1897, ha iniziato a trasmettere in Italia il 6 ottobre del 1924. All'inizio si chiamava URI (Unione Radiofonica Italiana) e trasmetteva programmi molto semplici, come concerti di musica da camera e sinfonica, opere liriche, previsioni del tempo e notizie finanziarie e di borsa. Più tardi si è arricchita di programmi più vari come musica leggera, notizie e commedie. Già dalla fine degli anni Venti Mussolini ha cominciato a utilizzare la radio come un potente mezzo di propaganda politica. Nel 1949, la URI si è trasformata in RAI (Radio Audizioni Italia) e, dopo la ricostruzione dei trasmettitori distrutti durante la guerra, i programmi sono aumentati notevolmente e le reti nazionali sono diventate tre.

Nel 1954 sono incominciate le trasmissioni televisive, e Radio Audizioni Italia è diventata RAI - Radiotelevisione Italiana. Inizialmente la televisione offriva solo un canale ed era in bianco e nero. Si dovrà attendere fino al 1961 per l'arrivo del secondo canale, fino al 1977 per il colore e fino al 1979 per il terzo canale. Agli inizi, poiché sia l'apparecchio televisivo che l'abbonamento al servizio avevano dei costi elevati, tante persone non potevano permetterseli. Molti si riunivano in locali o a casa di parenti e amici per guardare i programmi più popolari come il *Musichiere* presentato da Mario Riva e *Lascia o raddoppia?* condotto dall'intramontabile Mike Bongiorno. Con gli anni Ottanta è cominciata la proliferazione di stazioni televisive private tra cui il gruppo Mediaset con Canale 5, Retequattro e Italia 1, e migliaia di altre piccole emittenti locali.

Oggi la televisione italiana offre una grande varietà di spettacoli per tutti i gusti. Si può scegliere tra programmi di salute e fitness, rubriche di viaggio, documentari, film italiani e stranieri, varietà musicali, cartoni animati, e molti altri. Adesso in ogni casa italiana c'è più di un televisore e giorni in cui ci si riuniva a casa di amici per guardare l'unico programma sul solo canale disponibile, sono ormai ricordi nostalgici del passato.

Rispondi alle seguenti domande:

1. Che tipo di programmi trasmetteva la URI?

2. Come ha utilizzato la radio Mussolini?

3. Che cosa è successo nel 1949 e poi nel 1954?

4. Quanti canali televisivi c'erano inizialmente e quando sono arrivati gli altri?

5. Che facevano le persone che non potevano permettersi il televisore?

6. Quali erano i programmi più popolari alla fine degli anni Cinquanta?

7. Quali altri canali offre attualmente la televisione italiana e che programmi trasmettono?

Per l'esercitazione scritta:

Scrivi un breve saggio di 150 parole sul seguente argomento: Quali sono degli attori televisivi che ti piacciono? Perché? Descrivili fisicamente e parla della loro vita privata e professionale.

QUARTA SEQUENZA

Quando Michele si sveglia, trova in bagno Sergio, l'amico di suo padre, che si sta facendo la barba. Più tardi quando sua madre gli dice che Sergio dormirà nella sua cameretta, Michele si ribella. Quando ritorna da Filippo, nascosto dietro un cespuglio, si gode la scena di Felice Natale che balla e canta ascoltando la musica con la sua autoradio. Felice se ne va e Michele scende nella buca. Michele dice subito a Filippo che in televisione ha visto sua madre, che gli manda a dire che gli vuole tanto bene. Dopo un momento di incredulità e di ribellione, Filippo chiede a Michele di restare un po' con lui. I due bambini scoprono di avere tutti e due dieci anni e di frequentare entrambi la quinta elementare. La sera Sergio parla a Michele del Brasile dove vive ormai da anni, e gli mostra anche delle foto.

> **Curiosità** - *Nel romanzo Sergio è descritto come un vecchio magrissimo e debole. Invece nel film è un uomo di mezza età, piuttosto robusto.*

A ATTIVITÀ DI COMPRENSIONE

A1) Ripensando a ciò che hai visto nella sequenza, completa le seguenti frasi.

1. Michele è un po' sorpreso la mattina quando vede...

2. Michele litiga con sua madre perché...

3. Quando arriva alla casa abbandonata Michele si nasconde perché...

4. Nella buca Michele e Filippo...

5. Quando Michele ritorna a casa, suo padre...

6. La sera in camera Sergio...

A2) Completa con le espressioni qui sotto elencate.

> e dove dorme   in camera tua   qualche giorno
> fatemi stare nel letto vostro   è così e basta   te l'aveva detto che veniva

Michele: Mamma, mamma, chi è quello nel bagno?

Anna: Che vuoi? E lasciami! È Sergio, l'amico di tuo padre. [1]_____, no?

Michele: E quanto rimane?

Anna: E non lo so, [2]_____. Passami l'altra roba!

Michele: [3]_____?

Anna: Nel letto di tua sorella.

Michele: E lei?

Anna: Con noi. Passami quella.

Michele: E io?

Anna: [4]_____.

Michele: Non voglio stare con quello. [5]_____. Anch'io voglio stare nel letto vostro.

Anna: Basta! Non dire fesserie! Ma dove ti devo mettere? Sei troppo grande. Non c'entri. Basta! [6]_____!

A3) Abbina le espressioni con le loro definizioni.

1. non ce la faccio più   [a] frequento la...
2. per poco   [b] radersi
3. le manchi   [c] non peggiorare la situazione
4. per caso   [d] non per molto tempo
5. faccio la quinta   [e] ha nostalgia di te
6. farsi la barba   [f] occasionalmente
7. non ti ci mettere pure tu   [g] non resisto

B AREA TEMATICA: EMIGRAZIONE E IMMIGRAZIONE

B4) Inserisci nella colonna appropriata i termini elencati.

la nostalgia - la disoccupazione - l'integrazione - la povertà - la mancanza di alloggio
le difficoltà linguistiche - la sottoccupazione - le differenze di religione
la mancanza di cure mediche - le differenze culturali - la discriminazione - la mancanza di scuole
il razzismo - i problemi con la burocrazia - il permesso di lavoro - lo sfruttamento

Problemi nel paese d'origine	Problemi nel nuovo paese

B5) Abbina le parole con le loro definizioni.

1. l'accento
2. il permesso di soggiorno
3. l'assimilazione
4. il visto
5. la discriminazione
6. la cittadinanza
7. il clandestino
8. l'extracomunitario

[a] chi si trova in una nazione illegalmente
[b] il permesso di entrare in un paese straniero
[c] lo ha chi parla una lingua straniera
[d] vincolo di appartenenza a una nazione
[e] il permesso di abitare in un paese a tempo limitato
[f] immigrante proveniente da nazione non europea
[g] la disparità
[h] l'integrazione

B6) In gruppi di due o tre scambiatevi domande e risposte.

1. Chi sono gli immigrati nel tuo paese / stato? Da dove vengono?
2. Quali sono le loro aspirazioni e i loro sogni?
3. Come sono accolti gli immigrati nel tuo paese / stato? C'è discriminazione?
4. In generale che tipo di lavoro trovano gli immigrati nel tuo paese / stato?
5. Che cosa puoi fare tu per aiutare gli immigrati?

C GRAMMATICA: IMPERFETTO E PASSATO PROSSIMO

C7) Completa con l'Imperfetto o il Passato Prossimo.

Ieri Michele e Maria [1]_____(andare) a fare una gita al mare con i genitori. (Loro)

[2]_____(alzarsi) presto la mattina e [3]_____(mettersi)

i pantaloncini e la maglietta. Mentre (loro) [4]_____(bere) il caffè, Anna [5]_____

(preparare) per il pranzo.   [6]_____(essere) le 8 del mattino quando la famiglia

[7]_____(partire). Il viaggio [8]_____(essere) molto lungo, ma i bambini non

[9]_____(annoiarsi) perché mentre Pino [10]_____(guidare), loro

[11]_____(cantare) molte canzoni.

C8) Completa con l'Imperfetto o il Passato Prossimo.

1. Un giorno, quando Michele _____(avere) dieci anni, _____

   (trovare) un bambino nascosto in una fossa.

2. Ieri Maria _____(mettersi) un vestitino leggero perché fuori _____

   (fare) un caldo bestiale.

3. Quando Michele _____(essere) piccolo _____(abitare)

   in un piccolo borgo di campagna che _____(chiamarsi) Acqua Traverse.

4. Mentre i grandi _____(discutere) in cucina, i bambini_____

   (dormire) in camera da letto.

5. Ieri mattina, quando Michele _____(svegliarsi), _____

   (vedere) Sergio che _____(farsi) la barba in bagno.

6. Michele _____(dire) a sua madre che non _____ (volere)

   dormire in camera con Sergio, e così lei _____(arrabbiarsi).

D LETTURA E COMPRENSIONE

D9) Emigrazione e immigrazione in Italia

Tra la fine dell'ottocento e il primo trentennio del novecento una gran massa di italiani, spirti dalla fame e dalla povertà, ha abbandonato il proprio paese per emigrare in terre lontane come gli Stati Uniti, e l'America del Sud. Molti emigranti sono partiti con la loro famiglie, ma altri, in generale gli uomini, hanno lasciato tutti e tutto dietro le spalle e si sono ritrovati soli in una terra straniera di cui non conoscevano né la lingua né le abitudini. Le difficoltà che gli emigranti hanno dovuto affrontare erano immense, a cominciare dal viaggio che era lungo e veniva affrontato in condizioni estremamente disagiate. Nel nuovo paese li aspettava un lavoro durissimo, delle abitazioni inadeguate e tanta discriminazione. La nostalgia della loro terra era tanto forte che alcuni preferivano ritornare alla povertà che avevano lasciato. Però i più sono rimasti e, con la costanza e il duro lavoro, sono riusciti a migliorare la loro vita e soprattutto quella dei loro figli che hanno spesso conquistato posizioni importanti nella società.

Oggi la situazione è cambiata totalmente, e l'Italia che ha visto partire tanti suoi figli in cerca di fortuna, è diventata una terra che accoglie numerosissimi stranieri che sperano di trovare una vita migliore. In Italia gli immigrati vivono generalmente in aeree urbane e lavorano nelle fabbriche, nelle industrie, nell'edilizia, presso famiglie e in molti altri campi. Gli italiani in generale conservano un atteggiamento di tolleranza, tuttavia a volte c'è tensione fra gli italiani e gli extracomunitari.

Ci sono moltissime organizzazioni umanitarie che aiutano gli immigrati e ne facilitano l'integrazione nella società italiana. Alcune di queste associazioni sono sponsorizzate dalla chiesa cattolica, come la Caritas, e altre sono a carattere laico. Moltissimi giovani e meno giovani lavorano come volontari per migliorare le condizioni di vita di tanti meno fortunati che, come gli emigranti italiani molti anni fa, si trovano spesso a dover affrontare razzismo e discriminazione.

Rispondi alle seguenti domande:

1. Che cosa hanno fatto molti italiani tra la fine del XIX e l'inizio del XX secolo?

2. Quali difficoltà hanno dovuto affrontare?

3. In che modo è cambiata la situazione oggi in Italia?

4. Quali attività svolgono gli immigrati in Italia?

5. Che atteggiamento hanno in genere gli italiani verso gli esuli, i profughi, gli immigrati e gli extracomunitari?

6. Quali iniziative si sono prese per aiutare gli immigrati?

Per l'esercitazione scritta:

Hai mai lavorato come volontario / volontaria per un'organizzazione? Quale? Cosa facevi esattamente? Che difficoltà hai incontrato? Hai avuto delle soddisfazioni? Scrivi un breve saggio di 150 parole su questo argomento.

QUINTA SEQUENZA

Quando Michele si sveglia la mattina vede una valigia sotto il letto di Maria. La apre e ci trova una pistola e un giornale con la foto di Filippo Carducci, il bambino rapito, in prima pagina. Dopo colazione va a giocare insieme a Salvatore con le automobiline che ha mandato lo zio di Salvatore dall'America. Michele svela all'amico il segreto del bambino nella fossa in cambio di una delle automobiline. Più tardi va da Filippo e lo aiuta a uscire dal suo nascondiglio per giocare nel grano. Appena lo riaccompagna nella buca arriva Felice Natale che picchia Michele. Salvatore ha tradito la fiducia dell'amico in cambio di una lezione di guida al volante della vecchia FIAT 127 di Felice.

> **Curiosità** - *Nel romanzo Salvatore dà a Michele una squadra di Subbuteo (gioco di calcio da tavolo) che gli ha regalato suo padre. Nel film, invece, Michele rivela il segreto a Salvatore in cambio di un'automobilina che gli ha mandato suo zio dall'America. Inoltre, nel romanzo il padre di Salvatore è un ricco avvocato, mentre il regista del film abolisce questa differenza sociale facendo di Salvatore un bambino tanto povero quanto Michele.*

A ATTIVITÀ DI COMPRENSIONE

A1) Ripensando a ciò che hai visto nella sequenza, completa le seguenti frasi.

1. Michele è preoccupato la mattina nella sua camera perché...

2. Quando Michele va in cucina per fare colazione è contento perché...

3. Dopo colazione Michele e Salvatore...

4. In cambio dell'automobilina Michele...

5. Più tardi Michele e Filippo...

6. Felice ha trovato Michele nella buca con Filippo perché...

A2) Abbina le espressioni con le loro definizioni.

1. la promessa è debito
2. lasciare in pace
3. mi è venuto in mente
4. dai!
5. provaci
6. fare vedere
7. fare capire

[a] mostrare
[b] fa' un tentativo
[c] spiegare bene
[d] si deve mantenere quello che si promette
[e] non disturbare
[f] ho pensato
[g] forza! coraggio!

A3) Riordina numericamente la sequenza di questo dialogo tra Michele e Filippo.

1. _____ Ancora! Dammene ancora!
2. _____ Ti hanno tolto pure la catena? Guarda che ti ho portato. S'è un po' sbriciolata ma...
3. _____ E che cos'è?
4. _____ Ti hanno pulito. Chi è stato?
5. _____ Non ne ho più. Te l'ho data tutta. Se ce n'è ancora te la porto domani. Senti, m'è venuta un'idea. Ti va di uscire?
6. _____ Questo buco qui. Qui dentro, dove siamo.
7. _____ Fuori dal buco.
8. _____ Uscire dove?
9. _____ Sono scesi e mi hanno lavato tutto.
10. _____ Questo non è un buco.
11. _____ Fuori dove?
12. _____ È il posto dove si sta quando si muore.
13. _____ Fuori.
14. _____ Quale buco?

B AREA TEMATICA: LE REGIONI E LE LORO CARATTERISTICHE

B4) Esamina la seguente lista e associa il Lazio, il Veneto, la Toscana, la Sicilia e la Campania con le loro opere d'arte e le loro specialità gastronomiche.

Pantheon - bistecca alla fiorentina - Piazza Navona - Pandoro - Piazza San Marco - vino Chianti - cassata - Maschio Angioino - gnocchi di semolino - radicchio rosso - pastiera - vino Soave - ribollita - sartù di riso - Casa di Giulietta - Torre Pendente - vino dei Castelli - Castel dell'Ovo - caponata di melanzane - baccalà alla vicentina - caciocavallo - sfogliatelle - Cattedrale di Monreale - vino Corvo Rosso - Ponte Vecchio - saltimbocca - Musei Vaticani - bucatini all'amatriciana - arancini - Ponte di Rialto - risi e bisi - Teatro Greco di Taormina - vino Greco di Tufo - carciofi alla giudia - Valle dei Templi - polenta con gli uccelli - Reggia di Caserta - cantuccini di Prato - pasta alla Norma - Museo dell'Accademia

Lazio	Veneto	Toscana	Campania	Sicilia

B5) Dopo avere ricercato su Internet o sull'enciclopedia questi artefici dell'unità d'Italia identificali con parole tue.

1. Giuseppe Mazzini

_____

_____

_____

2. Camillo Benso Conte di Cavour

_____

_____

_____

3. Giuseppe Garibaldi

4. Vittorio Emanuele II

B6) In gruppi di due o tre scambiatevi domande e risposte.

1. Quale regione italiana ti piacerebbe visitare? Perché?
2. Per quali bellezze naturali o artistiche è famosa quella regione?
3. Qual è una città famosa in quella regione? Che cosa c'è d'interessante in quella città?
4. Quando ci andrai e con chi? Quanto tempo ci resterai?
5. Quali specialità gastronomiche assaggerai quando sarai là?

C GRAMMATICA: IL FUTURO DEI VERBI REGOLARI E IRREGOLARI

C7) Completa con il Futuro.

1. Domani Michele non _____(potere) giocare con Salvatore perché _____(dovere) aiutare suo padre a lavare il camion.

2. Quando Maria _____(svegliarsi), _____(bere) il latte caldo con lo zucchero.

3. Oggi pomeriggio io e il Teschio non _____(giocare) a nascondino. (Noi) _____(rimanere) in garage per riparare la bicicletta.

4. Se Michele e Maria _____(essere) buoni, il padre li _____ (portare) a mangiare le cozze.

5. Se voi _____(andare) alla casa abbandonata, _____ (vedere) un bambino nascosto in una buca.

6. Domani tu _____(potere) fare una gara con noi, ma se (tu) _____(perdere), _____(fare) la penitenza.

C8) Rispondi usando il Futuro di probabilità.

Esempio: Come mai Anna sta dormendo? (essere stanca) **Chissà, forse sarà stanca.**

1. Come mai Pino e Sergio sono usciti? (dovere fare qualcosa d'importante)

2. Come mai Salvatore ha rivelato il segreto a Felice? (volere guidare la 127)

3. Come mai Filippo chiede qualcosa da mangiare e da bere? (avere fame e sete)

4. Come mai Anna ha acceso il ventilatore? (fare molto caldo)

5. Come mai Anna e Pino non possono dormire? (avere delle preoccupazioni)

D LETTURA E COMPRENSIONE

D9) Il Nord, il Sud e l'unità d'Italia

Fino al diciannovesimo secolo l'Italia non esisteva come nazione. Era divisa in tanti stati sotto varie dominazioni. Per esempio, il Veneto era occupato dagli Austriaci, il Piemonte e la Sardegna erano governati dalla casa reale Savoia, il Lazio e le Marche erano parte dello stato Vaticano, e Napoli, la Sicilia e il resto del Sud erano sotto la dominazione spagnola. Grazie a un movimento di unificazione chiamato Risorgimento, e all'intervento di diplomatici ed eroi come Giuseppe Mazzini, Camillo Benso e Giuseppe Garibaldi, nel 1870 l'Italia è diventata una nazione unificata con Roma come capitale e una monarchia come sistema di governo. Nel 1946, dopo un referendum, la monarchia è stata sostituita da una repubblica democratica.

"Abbiamo fatto l'Italia. Ora dobbiamo fare gli Italiani:" questa frase attribuita al patriota Massimo D'Azeglio descrive i problemi presenti in Italia nel periodo post-unificazione. Era necessario creare un'identità nazionale. Infatti, popolazioni con realtà e abitudini così diverse, per la prima volta erano diventate parte di un'unica nazione. Il Nord più industrializzato e ricco si sentiva superiore al Sud più agricolo e povero. Il Sud, d'altro canto aveva difficoltà ad accettare come proprio un re nordico che percepiva come indifferente e distante, e si sentiva trascurato rispetto al resto del paese.

Nel corso degli anni molti problemi sono stati superati, ed eventi tragici come le due guerre mondiali e l'occupazione nazista hanno contribuito ad unire gli Italiani contro nemici comuni. Recentemente un movimento politico chiamato Lega Nord, ha cercato di dividere nuovamente la penisola, ma i suoi tentativi sono ripetutamente contrastati da una buona parte di italiani.

Rispondi alle seguenti domande:

1. Com'era la situazione politica nella penisola italiana fino al diciannovesimo secolo?

2. Che cos'è successo durante il Risorgimento?

3. Che cos'è successo nel 1946?

4. Che significa la frase "Abbiamo fatto l'Italia. Ora dobbiamo fare gli Italiani?"

5. Quali erano i problemi all'inizio dell'unità d'Italia?

6. Che cos'è la Lega Nord?

Per l'esercitazione scritta:

Dove andrai per le prossime vacanze? Con chi? Che cosa farai là? Scrivi un breve saggio di 150 parole su questo argomento con i verbi al futuro.

SESTA SEQUENZA

Quando Anna si rende conto che Felice ha picchiato Michele, gli si lancia contro con tutta la sua forza, e solo con l'arrivo di Pino la situazione si tranquillizza. Più tardi Pino, che ha saputo da Felice che Michele ha trovato Filippo, chiede al figlio di promettergli di non andare più dal bambino rapito, altrimenti quest'ultimo verrà ucciso. Michele passa i giorni seguenti nell'angoscia e nella frustrazione, combattuto tra il desiderio di andare a trovare Filippo e la promessa fatta al padre. Un pomeriggio, per sfuggire alla noia, i Teschio propone una gita in bicicletta alla casa abbandonata. Arrivati davanti alla casa, i bambini vengono sorpresi dalla pioggia e corrono a ripararsi dentro. Michele non può fare a meno di andare a vedere come sta Filippo, ma trova la fossa vuota. Salvatore, in cambio della riappacificazione con Michele, gli rivela un segreto: Filippo è stato trasferito nelle grotte di Candela.

A ATTIVITÀ DI COMPRENSIONE

A1) Ripensando a ciò che hai visto nella sequenza, completa le seguenti frasi.

> **Curiosità** - *Nel romanzo Pino, per distrarre Michele, gli regala una bellissima bicicletta rossa, Red Dragon.*

1. Dopo la lite con Felice, Anna…

2. Più tardi Michele e suo padre…

3. Michele si sente frustrato perché…

4. Un pomeriggio i bambini si annoiano, allora…

5. Salvatore vuole fare pace con Michele e così…

A2) Chi ha detto le seguenti frasi?

1. mi ha picchiato
2. mi devi promettere che appena diventi grande te ne vai via da qui
3. non ne devi parlare a nessuno, mai più
4. allora è perché lo posso vedere solo io
5. e poi a te nessuno ti ha chiesto niente
6. se non si fanno gare

[a] Pino
[b] Barbara
[c] Anna
[d] Michele
[e] Maria
[f] Teschio

A3) Completa con le espressioni qui sotto elencate.

> quelli gli sparano in testa - che hai fatto oggi - tiene sempre la testa sotto la coperta
> l'ho tirato fuori - non sto scherzando - non si capisce niente
> quante volte t'ha visto - non ci torno più
> ti può riconoscere - Felice ha detto che stavi da quello
> un pochino

Pino: Michele, Michele, svegliati! [1]_____?

Michele: Niente.

Pino: Non dire fesserie. [2]_____. E che lo volevi liberare?

Michele: No, te lo giuro. [3]_____ e poi l'ho rimesso subito dentro.

Pino: [4]_____?

Michele: Tre.

Pino: Quante?

Michele: Quattro.

Pino: [5]_____?

Michele: Come?

Pino: Se ti vede, ti riconosce?

Michele: No, non vede bene. [6]_____.

Pino: Ci hai parlato?

Michele: No. [7]_____.

Pino: E che t'ha detto?

Michele: Niente. Parla di cose strane. [8]_____.

Pino: E tu? Che gli hai detto?

Michele: Niente

Pino: Ascoltami bene. [9]_____, Michele. Stammi a sentire. Se tu vai di nuovo là, ti ammazzo di botte. Se tu torni là, [10]_____ e la colpa è tua.

Michele: [11]_____. Te lo giuro!

B AREA TEMATICA: IL TEMPO

B4) Completa scegliendo l'espressione appropriata. Ricorda di coniugare i verbi.

*afoso   nebbia   nevicare   umido   nuvoloso   temporale   un caldo bestiale
piovere   tirare vento   un freddo cane   fresco   grandine   secco*

1. D'estate Anna accende spesso il ventilatore perché fa _____.

2. Lo scorso inverno Michele e Salvatore hanno fatto una gita scolastica in montagna. (Loro) si sono messi il giaccone e i guanti perché faceva _____ e _____.

3. Il clima è molto _____ e _____ d'estate in Florida, però nel deserto dell'Arizona è estremamente _____.

4. Ieri ad Acqua Traverse c'è stato un forte _____ estivo. I chicchi di _____ erano grandi come noci!

5. Barbara ha deciso di prendere l'ombrello perché il cielo è molto _____ e potrebbe anche _____.

6. In primavera non fa molto freddo né molto caldo. Il clima è _____ e molto piacevole.

7. L'aereo è dovuto atterrare all'aeroporto di Genova perché a Milano c'era molta _____ e pochissima visibilità.

B5) Descrivi il tempo nelle seguenti zone geografiche utilizzando più di un'espressione per ogni frase.

1. D'inverno sulle Alpi...

2. D'estate in Sicilia...

3. In autunno e in inverno a Milano e nella Pianura Padana...

4. In autunno e in primavera a Roma si sta bene perché...

_____

_____

B6) In gruppi di due o tre scambiatevi domande e risposte.

1. Di dove sei?

2. Che tempo fa nella tua città in estate e in inverno?

3. Qual è la tua stagione preferita? Perché?

4. Che cosa ti piace fare in questa stagione?

5. Quali sono gli sport estivi e invernali che ti piacciono di più?

C GRAMMATICA: I PRONOMI DI OGGETTO DIRETTO E INDIRETTO, *CI* E *NE*

C7) Rispondi con i pronomi di oggetto diretto e indiretto, *ci* e *ne*.

1. Michele ha portato il pane a Filippo?

_____

2. Anna vi ha preparato la torta con la crema?

_____

3. Maria ha messo la bambola Barbie nella sua camera?

_____

4. Michele ha trovato Sergio in bagno?

_____

5. Quanti regali ha dato Pino a Maria e a Michele?

_____

C8) Completa con i pronomi di oggetto diretto e indiretto, *ci* e *ne*.

Ieri mattina Maria si è svegliata presto. (Lei) ha bevuto il caffellatte che sua madre [1]_____ aveva preparato, però non [2]_____ è piaciuto molto perché Anna [3]_____ aveva messo poco zucchero. Più tardi Maria ha svegliato Michele perché [4]_____ voleva chiedere se aveva voglia di giocare un po' con lei, ma suo fratello ha preferito andare a giocare con le automobiline di Salvatore. [5]_____ piacevano tantissimo quelle automobiline e un giorno ha persino chiesto a Salvatore se [6]_____ dava una, ma l'amico [7]_____ ha risposto di no. Quando il pranzo era pronto, Anna ha chiamato i bambini, e poiché loro non obbedivano, (lei) ha detto [8]_____: "Bambini, è pronto il pranzo! Quante volte [9]_____ devo dire? Se arrivate tardi papà si arrabbia, e domenica non [10]_____ porta al mare."

D LETTURA E COMPRENSIONE

D9) Il clima in Italia

La penisola italiana si estende tra la catena delle Alpi a nord e il mare Mediterraneo a sud e vi si possono individuare tre fasce climatiche ben distinte: il nord, il centro e il sud. Il nord che comprende la zona che va dall'arco alpino fino all'Appennino tosco-emiliano ha inverni molto rigidi con temperature che spesso vanno al di sotto dello zero. In questa zona si sente meno l'azione temperante del mare per cui le estati sono spesso caldissime e umide.

Nel centro, che va dalla Liguria fino alla zona di Roma, c'è un clima piuttosto temperato con temperature che non raggiungono cifre estreme, anche se talvolta si possono avere inverni alquanto rigidi e stagioni estive molto calde. La zona meridionale che include anche la Sicilia e la Sardegna si contraddistingue per un clima piuttosto mite con inverni non troppo rigidi, estati calde e secche e autunno e primavera con temperature simili a quelle estive.

In generale, paragonata ad altri paesi più a nord, come la Germania e la Francia, l'Italia, grazie all'azione protettiva delle Alpi e all'azione moderatrice del mar Mediterraneo, gode di una temperatura molto più mite. Le aeree geografiche sono varie e diverse e nel corso dell'anno offrono una immensa ricchezza di paesaggi con la possibilità di svolgere numerose attività sportive. Le zone costiere sono ricche sia di spiagge sabbiose, perfette per chi ama rilassarsi al sole, che di pittoreschi scogli, che invitano a tuffarsi per la bellezza dei loro fondali marini. Le zone montuose delle Alpi e degli Appennini offrono fantastiche piste di sci l'inverno e la possibilità di fare alpinismo e trekking nei mesi più caldi. La primavera e l'autunno sono le stagioni ideali per visitare le città d'arte come Roma, Firenze e Venezia.

Rispondi alle seguenti domande:

1. Come mai ci sono tre diverse fasce climatiche nella penisola italiana?

2. Come si differenziano il clima del nord, quello del centro e quello del sud?

3. Perché l'Italia ha un clima più mite di quello delle nazioni a nord delle Alpi?

4. Che varietà di paesaggi offre la penisola italiana?

5. Quali attività si possono svolgere in Italia nelle varie stagioni?

Per l'esercitazione scritta:

Scrivi un breve saggio di 150 parole commentando sull'incoerenza delle azioni umane nel film: da un lato Pino adora i suoi figli e vuole proteggerli dal male, dall'altro lui fa del male a Filippo che è un bambino proprio come suo figlio.

SETTIMA SEQUENZA

Finita la pioggia, i bambini, ritornando a casa, vedono passare degli elicotteri. Ad Acqua Traverse i grandi sono tutti riuniti nel negozio di Assunta per discutere e poi si trasferiscono a casa di Michele per guardare il telegiornale. Più tardi, Anna entra in camera dei bambini che sono stati mandati a letto senza cena, per portar loro un po' di pane e formaggio. Anna sembra molto preoccupata e trattiene a stento le lacrime. Mentre è a letto, cercando a fatica di dormire, Michele sente i grandi che litigano in cucina e capisce che hanno intenzione di uccidere Filippo. Vincendo la paura del buio, Michele si avvia in bicicletta a tutta velocità verso il nascondiglio di Filippo. Lo trova e, con grande difficoltà, poiché Filippo è molto debole, lo aiuta a scavalcare il cancello di legno per fuggire. Dopo qualche minuto si apre il cancello e Pino, pensando di avere davanti Filippo, colpisce suo figlio alla gamba con la pistola. Disperato prende in braccio Michele e lo trasporta in un prato dove arrivano anche Sergio e Filippo. Mentre Sergio sta per sparare a Filippo, si vedono gli elicotteri.

Curiosità - *Nel romanzo Sergio è di Roma, mentre nel film è di Milano.*

Il libro si conclude con Pino che chiede aiuto per Michele, colpito alla gamba. Invece nel film vediamo anche Filippo che si avvicina a Michele e i due ragazzi si danno la mano.

A ATTIVITÀ DI COMPRENSIONE

A1) Ripensando a ciò che hai visto nella sequenza, completa le seguenti frasi.

1. Quando i bambini ritornano ad Acqua Traverse...

2. Quando Anna entra in camera dei bambini...

3. In cucina, quando Pino propone di liberare Filippo...

4. Durante la notte Michele...

A2) Chi ha detto le seguenti frasi?

1. sono passati gli elicotteri e allora tutti sono usciti per strada	[a]	Sergio
2. mettici il sale, ché è più buono	[b]	Maria
3. per una volta che non mangiate non morirete di fame	[c]	Pino
4. i patti erano chiari: al bambino ci pensavate voi	[d]	Michele
5. facciamo come i soldati in guerra	[e]	Filippo
6. vieni, ti aspetto	[f]	Anna

A3) Abbina le espressioni con le loro definizioni.

1. uffa!
2. su!
3. di corsa
4. vi faccio vedere io
5. statti zitto!
6. mettere le mani addosso

[a] picchiare
[b] sono stufo / stufa!
[c] vi punisco
[d] in fretta
[e] dai, coraggio!
[f] silenzio!

B AREA TEMATICA: LA STAMPA

B4) Collega gli argomenti ai giornali appropriati.

1. varie notizie di attualità e moda
2. cruciverba, rebus e altri giochi
3. notizie sportive
4. notizie automobilistiche
5. ricette di cucina
6. servizi e informazioni su villeggiature e vacanze
7. informazioni su programmi televisivi

[a] "Sale e pepe"
[b] "Quattroruote"
[c] "TV, sorrisi e canzoni"
[d] "Gente viaggi"
[e] "Oggi"
[f] "Domenica quiz"
[g] "La gazzetta dello sport"

B5) Completa con le espressioni appropriate.

cronaca rosa   abbonamento   riviste   quotidiani
cronaca nera   cronisti   edicola   settimanale

1. In Italia i giornali si vendono all' _____.

2. Ogni giorno molti italiani comprano _____ come "La stampa" e "Il corriere della sera."

3. È scaduto l' _____ al mio giornale preferito. Devo rinnovarlo.

4. Anna legge spesso la _____ perché le interessa la vita degli attori e dei cantanti.

5. "Panorama" è un _____ che esce ogni giovedì.

6. Mi piace quel giornale perché gli articoli sono scritti dai migliori _____.

7. Quando sono nella sala d'attesa del dentista passo il tempo sfogliando varie _____ e guardando le illustrazioni mentre aspetto il mio turno.

8. Oggi ho letto sul giornale un articolo che parlava di un tragico avvenimento di

_____.

B6) In gruppi di due o tre scambiatevi domande e risposte.

1. Dove si comprano i giornali nel tuo paese?
2. Sei abbonato / abbonata a una rivista? Quale?
3. Hai tempo di leggere i giornali? Quando?
4. Quali notizie ti interessano di più in un giornale?
5. Quando eri piccolo / piccola quali giornalini ti piaceva leggere?

C GRAMMATICA: LE PREPOSIZIONI SEMPLICI E ARTICOLATE

C7) Completa con le preposizioni semplici o articolate.

1. Michele e Maria vanno _____ letto _____ nove _____ sera, ma i loro genitori si addormentano sempre _____ mezzanotte.
2. Michele ha trovato una pistola _____ valigia di Sergio.
3. Quando i bambini si sono svegliati hanno trovato Anna _____ cucina che preparava la torta con la crema.
4. Quando suo padre lo ha rimproverato, Michele è salito _____ albero e si è addormentato.
5. Mentre correva verso casa, Michele è caduto _____ bicicletta.
6. Michele non vuol dormire _____ camera _____ Sergio.
7. Anna ha messo la pentola _____ lavandino ed il piatto _____ tavolo.
8. Il povero Filippo è _____ fossa _____ mattina _____ sera.

C8) Completa con le espressioni appropriate.

per filo e per segno   a mani vuote   a quattr'occhi   a mano   del più e del meno   a bassa voce
sulla trentina   di male in peggio   di quando in quando   su tutte le furie   di sfuggita

La famiglia di Michele è composta da quattro persone: sua madre Anna, una donna ancora

giovane, forse [1]_____, suo padre Pino, un uomo simpatico che parla sempre

[2]_____ anche quando si arrabbia, e sua sorella Maria che è una bambina abbastanza

buona, anche se [3]_____ fa dei capricci. Anna sa lavorare a maglia molto bene e

fa spesso calzini e maglioni [4]_____ per i suoi bambini. Durante i pochi

momenti di riposo le piace sedersi in cortile per parlare [5]_____ con le sue vicine.

Qualche giorno fa Michele ha scoperto un bambino nascosto in una fossa. È andato a trovarlo varie volte e, per non presentarsi [6]_____, gli ha portato del pane e un pezzo di torta. Quando il padre di Michele lo ha saputo, è andato [7]_____. Ha chiamato Michele perché voleva parlare [8]_____ con lui, e ha voluto che suo figlio gli raccontasse tutto [9]_____. Michele gli ha promesso che non si sarebbe più avvicinato alla fossa di Filippo, nemmeno [10]_____. Povero Filippo! Le cose andavano [11] _____ per lui!

D LETTURA E COMPRENSIONE

D9) Fatti di cronaca: i sequestri di persona in Italia negli anni Settanta

Il romanzo *Io non ho paura* e l'omonimo film tratto da questo, sono ambientati negli anni Settanta, un decennio nero per l'Italia. Nel 1969, con l'esplosione di una bomba nella sede milanese della Banca Nazionale dell'Agricoltura, comincia una lunga catena di attentati e rapimenti che valgono a quel periodo la definizione di "anni di piombo." Nella maggior parte dei casi, come in quello del piccolo Filippo in *Io non ho paura*, i rapimenti sono a fine di estorsione, ma in alcune circostanze i motivi sono puramente politici.

Il sequestro politico più noto è certamente quello di Aldo Moro, presidente della Democrazia Cristiana, sequestrato il 16 marzo 1978 e ucciso con un colpo di pistola dopo 55 giorni di prigionia. Il rapimento, rivendicato dalle Brigate Rosse, un gruppo estremista di sinistra, sconvolge l'Italia. Questo episodio è certamente da ricordare come una delle pagine più tragiche della storia italiana.

Un altro rapimento clamoroso è quello del diciassettenne Paul Getty III, nipote del ricchissimo petroliere americano J. Paul Getty, avvenuto nel 1973. Il giovane hippy che vive a Roma con sua madre, viene rapito mentre vende collanine e quadretti insieme ai suoi amici in una piazza della città. Inizialmente il nonno si rifiuta di pagare il riscatto. In risposta i rapitori tagliano un pezzo dell'orecchio del ragazzo e lo mandano alla redazione di un quotidiano. Finalmente il nonno si decide a pagare il riscatto e il giovane viene liberato dopo cinque mesi di prigionia.

Due giorni dopo il rilascio, il 17 dicembre del 1973, terroristi arabi attaccano un aereo della Pan Am all'aeroporto romano di Fiumicino. Risultato: trentadue vittime. Gli anni di piombo in Italia continueranno per almeno un altro decennio.

Rispondi alle seguenti domande:

1. Come sono chiamati gli anni Settanta e perché?

2. Che cosa è successo ad Aldo Moro?

3. Chi era Paul Getty III?

4. Perché i rapitori gli hanno tagliato un orecchio?

5. Quali sono stati due tragici episodi di terrorismo della fine degli anni Sessanta e dell'inizio degli anni Settanta?

Per l'esercitazione scritta:

Immagina di essere un / una reporter e in 150 parole narra un recente episodio di cronaca avvenuto nella tua città o nel tuo stato. Usa i verbi al passato prossimo e all'imperfetto.

SOLUZIONI

PRIMA SEQUENZA

A1) answers will vary

A2) 1-scendi; 2-che vuoi; 3-è pronta; 4-digli; 5-non torno più; 6-fratello mio; 7-mi posso prendere; 8-non c'entra; 9-s'arrabbia; 10-dov'è; 11-torna tardi; 12-da mangiare; 13-il purè e l'uovo.

A3) 1-c; 2-e; 3-d; 4-f; 5-g; 6-a; 7-b.

B4) 1-b; 2-d; 3-e; 4-c; 5-a; 6-g; 7-h; 8-i; 9-j; 10-f.

B5) answers will vary

B6) answers will vary

C7) 1-si svegliano, fanno; 2-cucina, sa; 3-fa, riesce; 4-si arrabbia, dice, deve; 5-danno, hanno; 6-posso, voglio, devi; 7-è, beve, va; 8-esce, preferisce; 9-giocano, giochiamo; 10-si trova, producono.

C8) suggested answers: 1-io rimango ad Acqua Traverse tutta la sera; 2-Michele e Remo si lavano le mani prima di cena; 3-io e mia sorella veniamo a casa tua ogni sera; 4-la mamma di Michele si arrabbia quando Maria non mangia; 5-tu stai a letto tutto il giorno; 6-tu e il Teschio bevete caffellatte a colazione; 7-i miei amici vanno in bicicletta sulla collina.

D9) suggested answers: 1-preferiscono i giochi tradizionali, ma anche quelli con il computer e i videogiochi; 2-i pensionati preferiscono il gioco delle bocce e lo praticano presso circoli bocciofili; 3-le passano giocando a carte e a tombola a casa di parenti o amici; 4-guardano le partite di calcio in TV o allo stadio.

SECONDA SEQUENZA

A1) answers will vary

A2) 1-mi fa venire il mal di testa; 2-non ce la faccio più con te; 3-e che sarà mai; 4-viene a stare una persona; 5-un amico; 6-e come si chiama; 7-che nome buffo.

A3) 1-e; 2-f; 3-a; 4-g; 5-d; 6-b; 7-c.

B4) suggested answers: **Colazione:** cappuccino, cantucci di Prato, caffellatte, caffè espresso. **Pranzo/cena:** cotoletta alla milanese, uovo fritto, pastina in brodo, panino con la frittata, impepata di cozze, fettina di vitello al rosmarino, carciofi in umido, seppie e piselli, orecchiette e rape, purè di patate, vino rosso, affettati misti, pasta alla vodka, brodetto di pesce, frittata con i peperoni, torta con la crema, pollo alla diavola, polenta pasticciata, risi e bisi, pasta e fagioli, panino col formaggino Mio. **Merenda:** latte, Buondì Motta, pane e pomodoro, pane e Nutella, sfogliatelle con la ricotta, spuntino Kinder.

B5) antipasto: prosciutto e melone, cocktail di gamberi; **primo:** trenette col pesto, risotto alla pescatora; **secondo:** brasato di vitello, trota salmonata al cartoccio; **contorno:** zucchine fritte, insalata mista; **dolce/frutta:** macedonia di frutta, crostata di mirtilli.

B6) answers will vary

C7) 1-si è alzato, è entrato, ha offerto; 2-hanno deciso; 3-ha chiesto, ha risposto; 4-siamo usciti, abbiamo giocato; 5-vi siete arrabbiati, avete dovuto; 6-ha chiesto, ha preso, ha data; 7-si sono rotti, ha messi; 8-si è svegliata, è andata, ha bevuto; 9-avete comprato, avete speso; 10-sono stati, sono rimasti, hanno aperto, hanno visto.

C8) 1-ha pulito la casa ieri sera; 2-hanno fatto colazione mezz'ora fa; 3-avete corso ieri pomeriggio; 4-ha letto il giornale stamattina; 5-hanno preso il caffè dopo pranzo; 6-ha messo la bicicletta in garage due ore fa; 7-ha chiuso il recinto oggi pomeriggio.

C9) suggested answers: 1-consiste di caffè, caffellatte o tè e biscotti o pane, burro e marmellata; fanno colazione a casa o al bar; 2-secondo la tradizione il pasto più importante è il pranzo, ma per chi lavora lontano da casa non è più così; 3-consiste di un primo, un secondo, un contorno, frutta e caffè; 4-si beve solo la mattina; 5-i bambini e gli adolescenti fanno merenda, e prendono biscotti, pane, succo di frutta o una bevanda calda; 6-la cena è più leggera del pranzo e prevede verdura con formaggi o affettati; 7-vanno spesso al ristorante fuori città.

TERZA SEQUENZA

A1) answers will vary

A2) 1-Felice; 2-Filippo; 3-Salvatore; 4-Luisa Carducci; 5-Sergio; 6-Michele.

A3) 1-per caso; 2-me ne vado; 3-non capisco; 4-lasci la finestra aperta; 5- rubano le torte e i biscotti; 6-ma qui non ci stanno; 7-possono anche mordere l'uomo; 8-una fettina di carne 9-è molto importante; 10-io non sono l'angelo.

B4) 1-d; 2-i; 3-a; 4-h; 5-j; 6-b; 7-c; 8-e; 9-g; 10-f.

B5) 1-i cartoni animati, il telegiornale; 2-telenovela; 3-spegnere; 4-TG3 Meteo; 5-acceso.

B6) answers will vary

C7) suggested answers: 1-io facevo ginnastica il pomeriggio; 2-i miei compagni di scuola erano in ritardo tutte le mattine; 3-io e il mio amico andavamo in bicicletta d'estate; 4-mio zio beveva il caffè al bar il lunedì e il mercoledì . 5-tu guardavi il telegiornale ogni sera; 6-tu e tua sorella giocavate con le bambole da bambine; 7-il mio professore diceva buongiorno agli studenti tutti i giorni.

C8) 1-aveva; 2-abitava; 3-facevano; 4-preparava; 5-piaceva; 6-beveva; 7-voleva; 8-diceva; 9-usciva; 10-rimaneva; 11-era.

D9) suggested answers: 1-trasmetteva concerti, previsioni del tempo e notizie; 2-come un mezzo di propaganda; 3-nel 1949 la URI è diventata RAI e le reti sono diventate tre, e nel 1954 sono cominciate le trasmissioni televisive; 4-inizialmente c'era solo un canale, e poi nel 1961 è arrivato il secondo e infine nel 1979 il terzo; 5-andavano a guardare la TV a casa di altre persone o si recavano in vari locali; 6-il *Musichiere* e *Lascia o raddoppia?*; 7-il gruppo Mediaset e moltissimi altri canali che trasmettono ogni tipo di programmi.

QUARTA SEQUENZA

A1) answers will vary

A2) 1-te l'aveva detto che veniva; 2-qualche giorno; 3-e dove dorme; 4-in camera tua; 5-fatemi stare nel letto vostro; 6-è così e basta.

A3) 1-g; 2-d; 3-e; 4-f; 5-a; 6-b; 7-c.

B4) suggested answers: **Problemi nel paese d'origine:** la disoccupazione, la mancanza di alloggio, la povertà, la sottoccupazione; la mancanza di cure mediche, la mancanza di scuole. **Problemi nel nuovo paese:** la nostalgia, l'integrazione, le difficoltà linguistiche, le differenze di religione, le differenze culturali, la discriminazione, il razzismo, i problemi con la burocrazia, il permesso di lavoro, lo sfruttamento.

B5) 1-c; 2-e; 3-h; 4-b; 5-g; 6-d; 7-a; 8-f.

B6) answers will vary

C7) 1-sono andati; 2-si sono alzati; 3-si sono messi; 4-bevevano; 5-ha preparato/preparava; 6-erano; 7-è partita; 8-è stato; 9-si sono annoiati; 10-guidava; 11-cantavano/hanno cantato.

C8) 1-aveva, ha trovato; 2-si è messa, faceva; 3-era, abitava, si chiamava; 4-discutevano, dormivano; 5-si è svegliato, ha visto, si faceva; 6-ha detto, voleva, si è arrabbiata.

D9) suggested answers: 1-sono emigrati in terre lontane; 2-il lungo viaggio, il duro lavoro, la discriminazione, ecc.; 3-non è più una terra di emigranti, ma di immigrati; 4-lavorano nelle fabbriche, presso famiglie, nell'edilizia, ecc.; 5-un atteggiamento di tolleranza, ma a volte anche di insofferenza; 6-sono nate organizzazioni umanitarie.

QUINTA SEQUENZA

A1) answers will vary

A2) 1-d; 2-e; 3-f; 4-g; 5-b; 6-a; 7-c.

A3) 4, 9, 2, 1, 5, 8, 13, 11, 7, 14, 6, 10, 3, 12

B4) Lazio: Pantheon, Piazza Navona, gnocchi di semolino, vino dei Castelli, saltimbocca, carciofi alla giudia, Musei Vaticani, bucatini all'amatriciana.
Veneto: Pandoro, Piazza san Marco, radicchio rosso, vino Soave, Casa di Giulietta, baccalà alla vicentina, Ponte di Rialto, risi e bisi, polenta con gli uccelli.
Toscana: bistecca alla fiorentina, vino Chianti, ribollita, Torre pendente, Ponte Vecchio, cantuccini di Prato, Museo dell'Accademia.
Campania: Maschio Angioino, pastiera, sartù di riso, Castel dell'Ovo, caciocavallo, sfogliatelle, vino Greco di Tufo, Reggia di Caserta.
Sicilia: cassata, caponata di melanzane, Cattedrale di Monreale, Vino Corvo Rosso, Teatro Greco di Taormina, arancini, Valle dei Templi, pasta alla Norma.

B5) answers will vary

B6) answers will vary

C7) 1-potrà, dovrà; 2-si sveglierà, berrà; 3-giocheremo, rimarremo; 4-saranno, porterà; 5-andrete, vedrete; 6-potrai, perderai, farai.

C8) 1-dovranno fare…; 2-vorrà guidare…; 3-avrà fame e sete; 4-farà molto caldo; 5-avranno delle preoccupazioni.

D9) suggested answers: 1-l'Italia era divisa in tanti stati sotto varie dominazioni; 2-l'Italia è diventata una nazione unificata; 3-l'Italia è diventata una repubblica; 4-significa che non esisteva ancora un'identità nazionale; 5-il Nord era più ricco e il Sud era povero e si sentiva trascurato; 6-è un movimento che vuole dividere il Nord dal resto dell'Italia.

SESTA SEQUENZA

A1) answers will vary

A2) 1-d; 2-c; 3-a; 4-e; 5-f; 6-b.

A3) 1-che hai fatto oggi; 2-Felice ha detto che stavi da quello; 3-l'ho tirato fuori; 4-quante volte t'ha visto; 5-ti può riconoscere; 6-tiene sempre la testa sotto la coperta; 7-un pochino; 8-non si capisce niente; 9-non sto scherzando; 10-quelli gli sparano in testa; 11-non ci torno più.

B4) 1-un caldo bestiale; 2-un freddo cane, nevicava; 3-umido, afoso, secco; 4-temporale, grandine; 5-nuvoloso, piovere; 6-fresco; 7-nebbia.

B5) answers will vary

B6) answers will vary

C7) 1-glielo ha/gliel'ha portato; 2-ce la ha/ce l'ha preparata; 3-ce la ha/ce l'ha messa; 4-ce lo ha/ce l'ha trovato; 5-gliene ha dato uno/gliene ha dat molti.

C8) 1-le; 2-le; 3-ci; 4-gli; 5-gli; 6-gliene; 7-gli; 8-loro; 9-ve lo; 10-ci/vi.

D9) suggested answers: 1-perché ci sono zone vicino alle Alpi e altre che godono dell'azione temperante del mare; 2-nel nord gli inverni sono freddi e le estati molto calde e umide, nel centro le temperature invernali ed estive non sono estreme, e nel sud le temperature sono miti e autunno e primavera sono simili all'estate; 3-perché è protetta dalle Alpi e gode dell'azione moderatrice del mare Mediterraneo; 4-una grande varietà: zone costiere, zone montuose, ecc.; 5-si possono praticare tutti gli sport invernali ed estivi, e si possono visitare le città d'arte.

SETTIMA SEQUENZA

A1) answers will vary

A2) 1-Maria; 2-Michele; 3-Anna; 4-Sergio; 5-Pino; 6-Filippo.

A3) 1-b; 2-e; 3-d; 4-c; 5-f; 6-a.

B4) 1-e; 2-f; 3-g; 4-b; 5-a; 6-d; 7-c

B5) 1-edicola; 2-quotidiani; 3-abbonamento; 4-cronaca rosa; 5-settimanale; 6-cronisti; 7-riviste; 8-cronaca nera.

B6) answers willl vary

C7) 1-a, alle, di, a; 2-nella; 3-in; 4-sull'; 5-dalla; 6-in, con; 7-nel, sul; 8-nella, dalla, alla.

C8) 1-sulla trentina; 2-a bassa voce; 3-di quando in quando; 4-a mano; 5-del più e del meno. 6-a mani vuote; 7-su tutte le furie; 8-a quattr'occhi; 9-per filo e per segno; 10-di sfuggita; 11-di male in peggio.

D9) suggested answers: 1-si chiamano "anni di piombo" a causa degli episodi di terrorismo e degli attentati; 2-è stato rapito e ucciso dopo 55 giorni di prigionia; 3-era il nipote del famoso miliardario americano J. Paul Getty, ed è stato rapito a Roma nel 1973; 4-perché il nonno non voleva pagare il riscatto; 5-la strage a Milano nel 1969 e l'attentato all'aereo della Pan Am nel 1973.

ITALIAN FILM TEXTBOOK